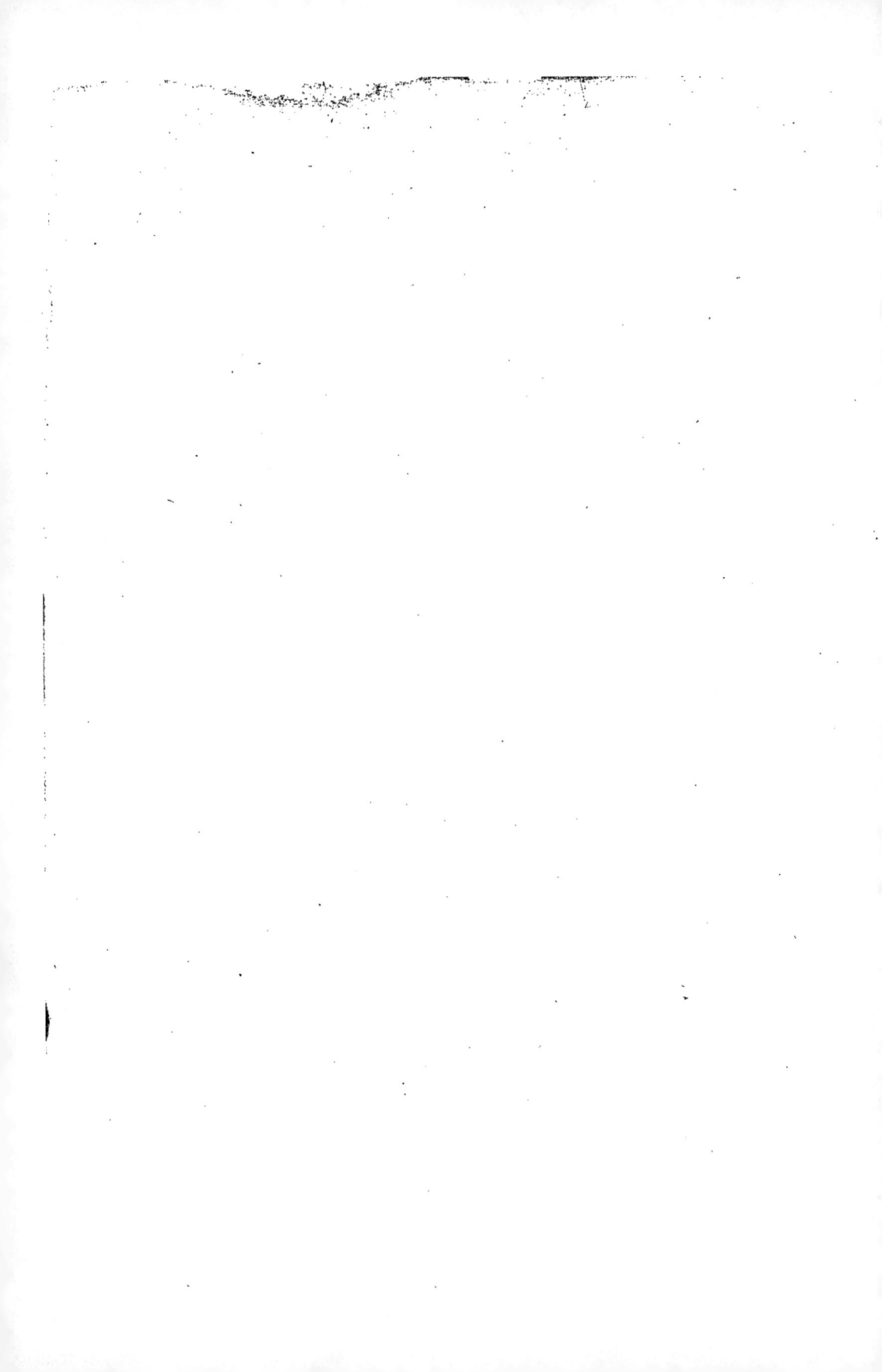

RECVEIL

DE DIVERSES POESIES

HEROIQVES ET BVRLESQVES.

CONTENANS

La Belle Recluse.
La Vieille Layde.
L'Amour Honneste.
Le doute Amoureux.
La Nuict Amoureuse.
L'inquietude Amoureuse.
Les Soupirs de Silvie.
Caprice Burlefques.
Orphée aux Enfers.
L'Aurore du Bois de Vincennes.
Et autres pieces curieuses.

Recueillies par le Sieur T. *L'HERMITE.*

A PARIS,

Chez { La Veufue G. LOYSON, au Palais, en la Gallerie des prifonniers, au Nom de Iefus.
ET
IEAN BAPTISTE LOYSON, fur le Perron Royal, à la Croix d'Or.

M. DC. LII.

SOLITVDE

STANCES.

❧

ENFIN ie n'ay plus à ma suite
Les soins qui m'auoient engagé,
Mes déplaisirs ont pris la fuite,
Mes soucis ont eu leur congé;
Je suis icy loin de la bouë,
Qui monte ou descend de la Rouë,
Que la Fortune fait marcher;
Vne Forest est ma Prouince,
Et le Soleil est le seul Prince
Que Tirsis reglément courtise à son coucher.

A

Auſſi ce bel Aſtre du Monde
Eſtalle icy tout à la fois,
Ce que ſa courſe vagabonde
Ne monſtre ailleurs qu'en douze mois;
Les diuerſes Saiſons s'y plaiſent,
Flore & Pomone s'entrebaiſent
Au milieu de cent tapis verds;
Et l'Eſté regne dans les Plaines,
Pendant que le creux des Fontaines
Serre en des ceps d'argent, le demon des Hyuers.

Vn Fleuue arrouſe ces prairies,
Où carreſſant leur bord natal,
Il occupe ſes reſveries
A faire vn miroir de cryſtal;
Lors d'vn pas dont la nonchalence
Semble regler la violence,
Il ſuſpend ſon cours à nos yeux;
Et dans vn ſi petit eſpace
Il voit marcher dedans ſa glace,   (Cieux.
Les feux que nous voyons marcher dedans les

Il femble à fa refveufe courfe
Qu'il vient de naiftre d'vn rocher,
Et que tout nouueau dans fa fource
Jl aprend encore à marcher;
Mais c'eft vne amoureufe enuie
De qui la chaleur le conuie
A couler ainfi lentement,
De crainte aujourd'huy qu'à fa trace
On vint à remarquer la place
Que la Nayade aßigne à ce jaloux Amant.

Que ie me plais à la pareffe
D'vn nombre de petits ruiffeaux,
Que le Dieu de Marne careffe,
Afin de les joindre à fes eaux !
Ils debitent parmy ces plaines
Le bel argent que leurs Fontaines
Tirent du creux de leurs prifons;
Et grondent en quittant leur fource,
De ce qu'vne pareille courfe   (Saifons.
Les reꝛd fujets d'vn Fleuue, & vainqueurs des

A ij

❦

On voit aupres vn Edifice
Qui fait croire ſans vanité ,
Que la Nature & l'artifice
L'ont bâty pour l'eternité ;
Sa fabrique monſtre que l'âge
Ne ſçauroit auoir l'auantage
De ſe le pouuoir aſſeruir ;
Auſſi bien cent Nymphes liquides
L'enſerrent de leurs bras humides ,
De crainte que le temps ne le vienne rauir.

❦

Dé là ie vois ces Foreſts ſombres
Où la Nuit choiſit ſon ſejour,
Pour mettre en ſeureté ſes ombres
Contre les injures du jour ;
Jamais l'Hyuer ny les tempeſtes
N'ont oſé dépoüiller leurs teſtes ;
Leurs bras paroiſſent toûjours verds,
Bien que le cours de leurs journées
Serue de compte aux deſtinées,
Pour ſe reſſouuenir des ans de l'Vniuers.

❦

Ces Bois nourriſſent le ſilence,
Le repos y va ſe cacher;
Les vents n'y font point d'inſolence,
Tant ils craignent de les fâcher:
Que ſi quelquesfois le Tonnerre
S'en vient icy purger la Terre
De quelque tragyque forfait,
On voit auſſi-toſt que le foudre
Tombe à leurs pieds reduit en poudre,
Pour auoir le pardon du bruit qu'il leur a fait.

❦

Icy de cent petites ſources
Sortent cent petits filets d'eau,
De qui les diferentes courſes
N'éloignent gueres leur berceau;
L'vn meſure vn arpent de terre
Auecque ſa regle de verre;
L'autre repoſe inceſſamment;
Et pendant que celuy-cy traiſne
Son cryſtal iuſques dans la plaine,
Cet autre nait & meurt, dedans vn ſeul moment.

Là dans la coupe de leurs couches
Les chefnes verds & les ormeaux,
Par vne infinité de bouches,
Vont defalterant leurs rameaux ;
Et pour reconnoiftre la peine
Que prend cette belle fontaine,
De les abreuuer tous les jours ,
Ils la couurent de leurs ombrages ,
Et luy font part de leurs feüillages,
Pour le prix de l'argent qu'ils prennēt en fon cours.

Là parmy tant de rares chofes
Que Flore prefente à mes yeux,
Ie refua ces Metamorphofes
Qui la firent croiftre en ces lieux ;
Mais fur tout i'admire en ce nombre
L'infortuné, qui de fon ombre
Tira le feu de fon amour ;
Et ie fens mon ame rauie,
De voir aujourd'huy que fa vie
S'entretient dedans l'eau, qui luy rauit le iour.

Heroïques & Burlesques.

Là tantost ie vais à la suite
D'vn cerf ruzé, qui dans ces Bois
Remet son salut à la fuite ;
Suiuy des chiens & de la voix,
Il court en toutes ces allées,
Jl va par toutes ces vallées,
Il trauerse mille guerrets ;
Mais à la fin quittant les armes,
Il verse les dernieres larmes
Dedans cette riuiere, ou dedans ce marets.

Lassé des plaisirs de la Terre,
Ie vais attaquer les poissons,
Qui dans ces promenoirs de verre
S'égayent en tant de façons ;
Lors eux qui sentent en leur ame
L'ardeur d'vne amoureuse flâme,
Viennent au bord de leur sejour ;
D'où pour mieux amoindrir leur peine,
Jls s'élancent tous dans la Seine,
Croyans que ces filets soient les rets de l'Amour.

❦

Mais dés que la Nuit nous menasse
De tendre ses noirs pauillons,
Ie sors promptement de la nasse,
Et de ces humides sillons ;
Lors ie regarde du riuage
Le Fleuue qui baue de rage
Dessous la voûte des Moulins,
Dépité de ce qu'on le louë,
Pour estre mis sur vne rouë,
Comme s'il auoit fait des crimes bien malins.

❦

La Nuit banissant lors sous l'onde
L'Astre qui n'a point de pareil,
Donne par tous les coins du Monde
Mille successeurs au Soleil ;
D'vn pinceau de qui la teinture
De la face de la Nature,
Ternit la plus viue couleur,
Elle étend par tout les ombrages
Dont chez ces antiques bocages
La Nature & le Temps conseruoient la pâleur.

C'est

C'est lors que loin de tout commerce
Ie m'entretiens seul en ces lieux,
Où me couchant à la renuerse
Ie compte les flambeaux des Cieux;
J'admire la cause premiere,
Qui par ces filets de lumiere
Guide nos inclinations;
Et ces caracteres de flâmes
Enseignent alors à mon ame
La perte & les progrés de mille Nations.

A la fin le Demon des songes
Vient m'entretenir à son tour,
Pour déguiser de cent mensonges
Ce que i'ay veu pendant le jour;
Je vois des Butors en Carosse,
Des Asnes qui portent la Crosse,
Des cirons qui vont à l'assaut;
Mais vn vieux Demon qui se jouë
A des Lutins qui font la mouë,
Interrompt mon sommeil, & m'éueille en sursaut.

B

❧

Lros au Ciel ma veuë affermie,
Ie vois partir de ſon ſejour
L'Aurore, qui preſque endormie
S'en vient nous ébaucher le jour;
Son pinceau fait blanchir les ombres;
Dans les eſpaces les plus ſombres
Elle entremeſle ſes couleurs;
Et pour faire que ces prairies
Redeuiennent plûtoſt fleuries,
Elle en moüille le verd auec l'eau de ſes pleurs

❧

Le Soleil, ce rare Concierge
Du ſacré Palais de Iunon,
Sort apres du lit d'vne Vierge
Sans luy faire perdre ſon nom;
Auſſi parait-il que la honte
Le touche à meſure qu'il monte,
Puis que dedans ce ſentiment
Il rougit de ſon impuiſſance,
Qui depuis l'an de ſa naiſſance
N'a pû ce qu'vn mortel acheue en vn moment.

Lors le Soleil venant d'éclore
D'vn pas affez precipité,
Couure les ornemens de Flore
De filets d'or, & de clairté;
Le Ciel joyeux de fa venuë
Leue ce mafque, dont la nuë
Couuroit fa face de faphirs;
Et mille oyfeaux luy font hommage,
Pendant qu'auec vn doux ramage
Ils s'en vont cajoler auec les Zephirs.

Les feules Nymphes des vallées
Se garantiffent de fes rais,
La Nature les a voilées
Pour leur conferuer le teint frais;
Nous voyons à peine leur tefte;
Auffi leur fein eft la retraite
De tous les ennemis du iour;
Et l'ombre auecque le filence,
Sans craindre aucune violence,
Y font de cent gazons, cent Autels à l'Amour.

B ij

C'est aũßi là que la Nature
Fit vne Grotte par hazard,
Dont la ruſtique Architecture
Peut faire cent leçons à l'Art ;
Il ſemble qu'elle ſoit de glace,
Tant le frais regne en ſon eſpace ;
La clairté n'oſe l'approcher ;
Le Soleil n'y tient point de routes ;
Et l'eau qui coule à groſſes gouttes,
Monſtre qu'elle gemit ſous le faix d'vn rocher.

Dans vne demeure ſi ſombre
Cent Nayades à tous propos,
Pour goûter les faueurs de l'ombre,
Vont faire la cour au repos ;
L'vne ſans murmurer ſe pouſſe
Dans vn canal bordé de mouſſe,
L'autre ſe hâte pour le voir ;
Et celle-cy touſiours gazoüille,
Dépitée qu'vne grenoüille
En ſe voulant baigner, luy caſſe ſon miroir.

C'est en ce beau ſejour des Fées
Où ie paſſe les plus beaux jours,
Et c'eſt là qu'à demy coëffées
Ie leur oys compter leurs amours;
Là ie parle de tout ſans crainte,
Ie marche par tout ſans contrainte,
Ie me ris de tous les mortels;
Là mon deſtin me fauoriſe,
Et là ie preſente à Cloriſe
Des larmes, des ſoûpirs, des vœux, & des Autels.

Si ie ne dis point des loüanges,
Qu'on doit à la Nymphe du lieu;
C'eſt à la maniere des Anges
Qui ſans parler beniſſent Dieu;
Auſſi ſes vertus ſans exemples,
Ses yeux qui nous montrent les temples
Où tous les amours ſont placez,
Et tant de cœurs que l'on luy voüe,
Ne veulent pas que ie la loüe,
De crainte que mes Vers n'en diſent pas aſſez.

SVR DES
SOVSPIRS

STANCES

SVBTILS complices de ma flâme,
Efprits formez d'air & de vent,
Qui fufcitez le plus fouuent
L'orage qui regne en mon ame;
Mal-heureux Enfans que l'Amour
Etouffe en les mettant au jour;
Témoins d'vne rage animée,
Vous qui faites voir ma langueur,
Et qui n'eftes que la fumée
Du feu qui brûle dans mon cœur.

Doux Interpretes du martyre
Qu'vne belle ingrate produit,
Vous qui l'entretenez sans bruit
De ce que ie n'ose luy dire ;
Persecuteurs de mon repos,
Qui m'enseignez à tous propos
L'estat du peril qui me touche,
Et qui dans vn mal si pressant
Venez rendre conte à ma bouche
De tout ce que mon cœur ressent.

Objets d'vne triste auanture,
Saints images de mes douleurs,
Qui sans pinceaux & sans couleurs
En dressez si bien la peinture ;
Inconsiderez mouuemens
Qui reglez l'heure & les momens
De mes trauaux & de mes gehennes,
Vous qui d'vn petit trait de vent
Marquez l'eternité des peines
Que mon amour va conceuant.

❦

Sujets de mes pertes paßées,
Zephirs, dont le peu de vigueur
Ne fait plus naiſtre dans mon cœur
Que des ſoucis & des penſées ;
Vous qui cependant que le iour
Se va repoſer à ſon tour,
Me faites veiller dans ma couche ;
Vous dont le cours malicieux
Fait ſi ſouuent ouurir ma bouche,
Que ie n'en puis ouurir les yeux.

❦

Soûpirs, qui dedans ce Bois ſombre
M'annoncez tous les jours la mort,
Cependant que mon Ange dort,
Et que mon Soleil eſt à l'ombre ;
Meſſagers de mes ſentimens,
O que ie cheris les tourmens
Par qui voſtre rigueur me fonde !
Et que i'eſtime voſtre loy,
Puis qu'auſſi bien par tout le Monde
Tout ſoûpire auſſi bien que moy !

J1

Il est vray; Tout ce qui respire
Sous l'aspect de l'Astre du jour,
Est sujet aux Loix de l'Amour;
Et par consequent tout soûpire;
Et mesme la Reyne des Fleurs
Qui tire son nom de ces pleurs,
Dont la belle Aurore l'arrose,
Soûpire (au sentiment de tous)
Puis que l'odeur est chez la Rose,
Ce que le soûpir est chez nous.

Ces Bois où le repos & l'aise
Ont rencontré leur élement,
Souspirent de contentement,
Pendant que Zephire les baise;
Et ce Rossignol dont la voix
Nous fait jusques aux derniers abois
Le recit du mal qui le presse,
Parmy tant d'aymables accens,
Se plaint & souspire sans cesse
Des mesmes peines que ie sens.

C

❧

Voyez un peu ces Tourterelles
Qui s'entrebaisent nuit & jour,
Et qui r'allument leur amour
Auecques le vent de leurs aisles ;
O que d'un murmure assez doux
Elles comptent bien deuant nous
L'estat de leurs peines passées !
Qu'elles conçoiuent de plaisirs !
Que leurs langues sont empressées !
Et qu'elles poussent de soûpirs !

❧

Ce Taureau couché dessus l'herbe
Où sa Genisse va dormant,
La contemple attentiuement
D'un œil amoureux & superbe ;
Et si les Bouuiers par hazard
L'ameinent en quelqu'autre part
Qui touche plus leur fantaisie,
Il mugit, ou pour mieux parler,
Il soûpire de jalousie,
Si-tost qu'elle s'en veut aller.

❧

Ainſi ie treuue la peinture
De tous ces amoureux effets
Dans les ouurages les mieux faits
Que paracheue la Nature ;
Il n'eſt pas juſqu'aux Elemens
Qui n'obſeruent ces reglemens,
Comme inſeparables de l'eſtre ;
Et quoy qu'inſenſible aux plaiſirs,
La Terre fait aſſez connaitre
Que ſes vapeurs ſont des ſoûpirs.

❧

Quand la Mer tient & qu'elle preſſe
Dans ſes bras de jaſpe mouuans
Les Dieux qui regnent ſur les vents,
Elle en ſouſpire d'allegreſſe ;
Lors ſi les flots & les écueils
Vont dreſſans autant de cercueils
Qu'on voit de gens ſur leur Empire,
Thetis le fait à ce deſſein,
Qu'aucun d'eux ne puiſſe redire
Que les vents luy baiſoient le ſein,

* * *

L'Air à qui l'éclat de la Terre
Donne tant d'amoureux deſirs,
Luy fait entendre ſes ſouſpirs
Par le murmure du tonnerre;
Et ce feu qui va s'attacher
Dans le centre de ce bucher,
Chez qui la flâme eſt animée,
En y trouuant ſon aliment,
Témoigne aſſez par la fumée
Qu'il ſouſpire en ſe conſommant,

* * *

Enfin tout ſouſpire (ô Siluie)
Et la Nature en cent façons
Semble t'en donner des leçons,
Afin de t'en donner l'enuie;
Mais elle a beau te figurer
Que tu dois vn peu ſouſpirer,
Meſme en voyant mon auanture,
Puis que ton ame eſt auſſi peu
Senſible aux Loix de la Nature,
Qu'elle l'eſt aux Loix de mon feu.

Ainsi d'vne voix triste & sombre
Parloit l'infortuné Tirsis,
Couché sur vn tas de soucis,
Dont ses ennuis croissoient le nombre,
Lors afin de plutost guerir,
Il fut sur le poinct de mourir,
Pour satisfaire à son enuie,
Et lors il eust quitté le jour,
S'il eust crû qu'en perdant la vie
Il eust pû garder son Amour.

SVR VNE
ABSENCE

STANCES.

❧

A V poinct que le Soleil faiſant place à la nuit,
  Nous cachoit ſa lumiere en faueur de l'ombrage,
Et qu'icy le ſommeil ſans redouter le bruit
Déroboit aux humains la moitié de leur âge,
Tirſis loin de Cloriſe, & pres du deſeſpoir,
  N'ayant plus le moyen de voir
Celle de qui les yeux auoient produit ſa flâme,
Croyoit en ce moment que les arreſts du ſort
  Portoient qu'il recherchât ſa mort,
  Puis qu'ils l'éloignent de ſon ame.

Ainsi que l'entretien de ses plaisirs passez,
L'obligeoit d'en chercher le compte en sa memoire,
Son cœur par des soûpirs & des eslans pressez,
Fit qu'il tient ce discours à la Nymphe de Loire,
Hostesse de ces eaux; qui d'vn cours diligent
    Traisnent tant de masses d'argent
Par ces plaines où Flore étalle mille charmes;
Tu vois que les tributs que la Mer prend chez toy
    N'égalent point ceux que ma foy
    Pretend d'exiger de mes larmes.

Mais Tirsis, que dis-tu? veux-tu mettre en ce rang
Vn dueil pour qui tes pleurs trahiroient ton enuie?
Hé! si tu dois pleurer, & de larmes de sang,
Et marquer cette perte en celle de ta vie,
Abandonne-moy donc, ô brutalle raison,
    Dont le conseil hors de saison
Nous appelle, & nous laisse au milieu de l'orage;
Ie sens que la douleur qui regle mes esprirs
    Veut que ce soit par vn débris
    Que ie sorte de ce naufrage.

❧

Ie le reconnois bien, il faut plutoſt perir,
Et rompre tout d'vn coup auec les deſtinées,
Que de traiſner des fers qui nous feroient mourir ;
Pour tout autant de temps que nous viuriõs d'années ;
Auſſi bien la Raiſon nous apprend que le ſort
     A parmy nous logé la mort,
Afin de terminer les trauaux de la vie ;
Et lors que l'infortune a marqué ſous nos pas
     Quelques figures du trépas,
     C'eſt pour nous en donner l'enuie.

❧

Tirſis, periſſons donc ; & puis que le cercueil
Sert d'azile à tous ceux que pourſuit la Fortune,
Voyons ſi ſous la Terre on eſt couuert de dueil,
Et ſi nous y portons ce qui nous importune ;
Mais auant que mon âge accompliſſe ſon cours,
     Je veux rendre à mes derniers jours
Le deuoir que demande vne eternelle abſence ;
Et diſpoſer icy par vn ſens arreſté
     De tout ce que ma volonté
     Peut reduire ſous ma puiſſance.

Nymphes

Nymphes qui reposez en des lits de cryſtal,
Où Zephire bornant ſes courſes vagabondes,
Vous fait groſſir le ſein d'un mouuement brutal,
Afin qu'au meſme temps vous enfantiez des ondes ;
J'ordonne à tous les pleurs que la rage des Cieux
     Bannit aujourd'huy de mes yeux,
D'hauſſer les reuenus de vos Palais de verre,
Afin que Tetis juge, auec tous les ruiſſeaux,
     Que Tirſis vous donne plus d'eaux
     Qu'on n'en trouue en toute la Terre.

Echo dont la pitié répond à mes ſoûpirs,
J'ordonne que ma voix toûjours vous fauoriſe,
Pourueu que vous contiez quelquesfois aux Zephirs
Que Tirſis n'a pû viure éloigné de Doriſe :
Et vous Rochers affreux qui logez les Hyuers
     Pendant le temps que l'Vniuers
Leur defend pour neuf mois d'exercer leur puiſſance,
Afin de vous parer de tous les changemens
     Qui troubleront les Elemens,
     Ie vous fais part de ma conſtance.

D

Ie partage mon ſang auec le deſeſpoir,
Et ceux que l'horreur met au rang de ſes complices;
Je veux que mon eſprit connoiſſe ſon pouuoir,
Et ie laiſſe aux enfers ma rage & mes ſuplices;
La Terre aura mon corps, & les Airs mes ſoûpirs;
    L'Amour aura tous mes deſirs,
Et l'Element du feu poſſedera ma flâme;
Les Aſtres en voyant perir mon amitié
    En auront vn peu de pitié,
    Et ma Doriſe aura mon Ame.

Mais helas! qu'ay-je dit? Quoy Doriſe? la mort
Peut-elle viſtement engager mon enuie?
Et puis-je deſormaïs diſpoſer de mon ſort,
Si tu tiens en tes mains les reſnes de ma vie?
Non, non, Tirſis eſt tien; & ie vois aujourd'huy
    Que ce que tu pretens ſur luy,
Defend au deſeſpoir d'acheuer l'entrepriſe.
Adieu donc, ô Demon; va-t'en, car ie ne peux
    Diſpoſer de ce que ie veux,
    Puis que ie ſuis tout à Doriſe.

NVIT
AMOVREVSE

STANCES

NVIT va leuer des Autels
Aux plaisans Demons du mensonge,
Et ne me fais voir aux mortels
Qu'à la faueur de quelque songe ;
Encore est-ce trop clairement
Leur découurir mon sentiment :
Non, non, tire-le de ce nombre ;
Et ne souffre pas tant soit peu,
Qu'on découure au trauers de l'ombre
Les moindres clartez de mon feu.

D ij

Außi bien ce rare flambeau
Ne fert gueres dedans ta route,
Puis que le chemin eft fi beau,
Qu'on n'a que faire d'y voir goute;
Bannis de ces lieux d'alentour
Ces Aftres qui te font la Cour,
Afin de me faire la guerre;
Et fais fommeiller dans les Cieux,
Außi bien que deffus la Terre,
Tout ce qui peut auoir des yeux.

Et pour nous parer de l'affaut
Qu'vn fâcheux voifin feroit naiftre,
Si fe refveillant en furfaut
Il s'alloit mettre à la feneftre;
Fais que cent loup-garoux affreux,
Et cent fpectres malencontreux,
Viennent icy traifner leurs chaifnes;
Et que parmy ces hurlemens
Que leur font exprimer leurs gehennes,
Ils comptent par tout leurs tourmens.

Mais l'aspect de ce beau sejour
M'enseigne que mon mal te touche ;
Les dernieres heures du iour
Ont mis le Soleil dans sa couche ;
A peine pourrois-je estre veu ;
Je ne vois plus icy dé feu ,
Que celuy dont ma flâme est née ;
Et ce long trauail que les Cieux
Ont eu pendant cette journée ,
Fait qu'ils ont tous fermé les yeux.

Je n'entens plus icy du bruit,
La Paix chasse la vigilence ,
Et les Ministres de la Nuit
Font par tout regner le silence ;
Les songes sous de faux objets
Ebauchent par tout les projets
De cent bizarres auantures ;
Et d'vn artifice diuers
Ils vont debiter leurs peintures
A la moitié de l'Vniuers.

Le sommeil dont les douces Loix
Ne nous sont jamais importunes,
De cent Bergers & de cent Rois,
Egale par tout les fortunes ;
Le Criminel dans sa prison,
Et le Juge dans sa maison,
Estans endormis à ces heures,
L'vn & l'autre pour quelque temps
Sous leurs inégales demeures
Viuent également contens.

Cet Auare de qui la main
Ne nous sçeut iamais faire vn offre,
Remet sa tâche au lendemain,
Et s'endort aupres de son coffre ;
Et ce Ialoux de qui les yeux
Vont suiure sa femme en tous lieux,
Luy donne à la fin quelque tréue ;
Et se coulant entre deux draps,
De peur qu'elle ne se releue,
Il la tient toûjours par le bras.

Allons, il est temps de partir,
Puis que la Nuit n'est que trop noire;
Amour adresse ton martir
Dedans les sentiers de ta gloire;
Mene-le dans ce beau sejour,
Où leurs graces trouuent Cour,
Depuis qu'Amarante s'y range;
Et fais-le promptement mourir,
Puis qu'entre les bras de son Ange
Il ne sçauroit iamais perir.

L'AVRORE

DV BOIS
DE VINCENNE

A MONSIEVR

LE COMTE PHILIPES
de S. Martin d'Alie.

STANCES

VOVS *qui receûtes la lumiere*
Sur ces bords, où l'Astre du jour
Trop indulgent à la priere
Qui mût la paternelle amour,
Vit tomber, tout noircy d'vn éclat de Tonnere,
Ce Fils dont les erreurs firent fumer la Terre.

Clarté

Clarté que les ombres funebres
De la plus ennuyeuse Nuit
Ne sçauroient couurir de tenebres,
Et de qui la vertu reluit
A trauers les broüillars de ce fâcheux orage,
Comme fait le Soleil à trauers d'vn nuage.

Attendant que ie satisface
A mon zele plein de chaleur,
Dépeignant auec quelque grace
Vostre esprit & vostre valeur,
Receuez, grand Heros, cette naissante Aurore,
Et donnez à son teint, ce qu'il n'a point encore.

Mais déja la rougeur surmonte
Ce front que couuroit le respect,
Déja la merueille & la honte
La surprennent à vostre aspect;
Elle est toute confuse en voyant tant de charmes;
Et commence son tour, en répandant des larmes.

E

Zephire d'vne douce haleine
Vient baiser ces celestes pleurs,
Et leur vertu parmy la plaine
Fait naistre vne moisson de fleurs ;
Tandis le nouueau jour fait pâlir les étoiles,
Et dispose la Nuit à retirer ses voiles.

A cette triomphante entrée
Le bruit s'vnit à la clarté,
Banissant de cette contrée
Le silence & l'obscurité ;
Et les Fantômes vains adonnez à mal faire,
Vont porter la terreur dessous l'autre Hemisphere.

Apres vn agreable songe,
Daphnis qui vient de s'éueiller,
En ce delicieux mensonge,
Resve encor sur son oreiller ;
Et d'vn soin curieux retrace en sa pensée
De sa belle Philis, la peinture effacée.

Le Pescheur dessus sa Nacelle
Couure déja ses ameçons,
Auec cet appas infidelle
Dont il sçait tromper les poissons,
Croyant au poinct du iour que la troupe écaillée
Sera plûtost surprise, estant moins éueillée.

Toutes les Bestes carnacieres
Que la faim chassoit des deserts,
Se retirent dans leurs tanieres
Voyant ce pourpre dans les Airs;
Et sans apprehender les effets de leur rage,
Les Bœufs & les Brebis reuont au pasturage.

Selon leur façon coûtumiere,
Les Oyseaux parmy les buissons,
A l'aproche de la lumiere,
Vont dégoisant mille chansons;
Et leur petit gosier, par sa réjoüyssance,
Semble du nouueau iour celebrer la naissance.

E iij

Les douceurs que le jour ramene
Durant cet agreable Esté,
Font que par tout on se promene,
Pourueu qu'on ait la liberté;
Le Ciel dans peu de jours à mes souhaits réponde,
Et vous accorde un bien, qu'il donne à tout le Monde,

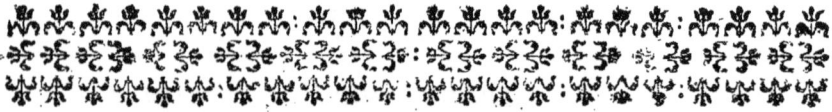

ORPHEE
AVX ENFERS.
PARLANT A PLVTON.

STANCES.

L E feu qui m'embrase le sein
Ne vient point dissiper tes ombres;
Et s'il paroist en ces lieux sombres,
C'est pour vn plus noble destin;
Amour de qui l'humeur altiere
Te força de voir la lumiere,
Me l'a fait quitter aujourd'huy;
Et ce Dieu qui vainquit Alcide,
M'ayant abatu comme luy,
De mon vainqueur, deuient mon guide.

⚜

A la faueur de ſon flambeau,
Je cherche en ces climats funeſtes
La plus noble part de ces reſtes
Que me dérobe le tombeau;
Ie cherche en ce riuage étrange
Ce bel œil, cet Aſtre, cet Ange,
Que vient de perdre l'Vniuers;
Et dans ce penible exercice,
En cherchant tant d'objets diuers,
Je ne cherche rien qu'Euridice.

⚜

Ce fut vn Soleil (ô grand Roy)
Qui dans ſa ſplendeur ſans ſeconde,
En éclairant par tout le Monde,
Ne brûla iamais que pour moy;
J'adoray fort long-temps ſes charmes;
Et la Belle, apres cent alarmes,
Laiſſa triompher mon amour;
Mais dans ce funeſte himenée
La mort la pris le meſme iour
Que le Ciel me l'auoit donnée.

❧

Icy mes soûpirs & mes yeux
Te redemandent ce cher gage,
Qui dedans la fleur de son âge
Me fut rauy parmy des fleurs;
Souffre donc que cette lumiere,
En recommençant sa carriere,
La finisse iusques au bout;
Et suiuant nostre simpatie,
Rens-moy la moitié de mon tout,
Ou reprens-en l'autre partie.

❧

Mais que sert à mon amitié
De paroistre en cette auanture
Deuant des yeux où la Nature
N'a iamais logé la pitié?
Ie ne puis trouuer des refuges
Dans ces Tribunaux, dont les Juges
Ne connoissent point l'equité;
Il n'est rien qui vienne à mon aide;
Et dedans cette extremité,
Ie n'ay que ce dernier remede.

Faiſons donc oüyr ſous nos mains
Ces accors qui touchent les arbres,
Et qui donnant des ſens aux marbres,
En oſtent l'vſage aux humains;
Parmy de ſi douces merueilles,
Gagnons les cœurs par les oreilles;
Banniſſons l'horreur de ces lieux,
Et voyons ſi dans nos reproches
Nous pourrons dire que les Dieux
Sont moins ſenſibles que les roches.

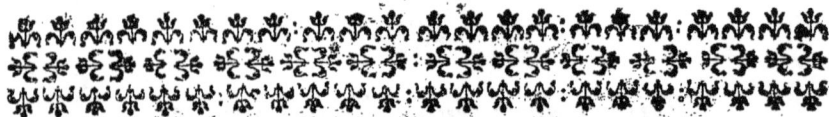

DIALOGVE

ENTRE

TERSANDRE

ET

MADONTHE.

TERSANDRE.

IE ne me plaindray plus de mes peines passées ;
Si ie sçay le sujet qui vous arreste icy.

MADONTHE.

Ce beau Parterre où Flore entretient ses pensées,
Depuis l'aube du jour entretient mon soucy.

TERSANDRE.

Flore n'a point de fleurs, que l'eau de ces fontaines
Ne vous en fassent voir de plus viues couleurs.

F

MADONTHE.

Ce seroit rechercher des choses peu certaines,
Puis que iamais les eaux ne produirent des fleurs.

TERSANDRE.

Les eaux vous monstreroient celles que la Nature
Releue dans vn teint plus beau que l'œil du jour.

MADONTHE.

Narcisse vous enseigne, en sa triste auanture,
Que son ombre alluma le feu de son amour.

TERSANDRE.

Du feu de son amour il éteignit sa vie,
Mais vous n'aurez iamais vne pareille ardeur.

MADONTHE.

Si ie ne deuenois Narcisse en son enuie,
Ie deuiendrois soucy, contemplant ma laideur.

TERSANDRE.

Mais plûtost les ruisseaux, touchez de vostre image,
Croiroient que deux Soleils seroient tombez dans l'eau.

MADONTHE.

Le Soleil a des feux, & non pas mon visage,
Qui ne sçauroient brûler, comme fait ce flambeau.

TERSANDRE.

Mon cœur vous le fit voir, quand d'vne main sçauante,
Amour vous y peignit tel qu'il est dans les Cieux.

MADONTHE.

Si i'estois de ce Dieu la peinture viuante,
Ie ne vous pourrois voir, puis qu'il n'eut iamais d'yeux.

TERSANDRE.

Vous iugez bien pourtant que i'ay toute la flâme
Qui me va consumant sous l'espoir de mes vœux.

MADONTHE.

Il seroit mal-aisé qu'il échauffât mon ame,
Si vostre seul desir consume tous ses feux.

TERSANDRE.

Faut-il qu'vn beau Printemps vostre teint enuironne,
Puis que la cruauté n'a iamais rien produit?

F ij

MADONTHE.

Vn Printemps eternel n'apporte point d'Automne,
Et la Rose & le Lys n'apportent point de fruit.

TERSANDRE.

Souffriray-je toûjours, sans que ma peine meure,
Des feux plus violens que tous ceux des Enfers?

MADONTHE.

Auec iuste sujet ie m'étonne à cet heure,
Que parmy tant de feux vous ne brisiez vos fers.

TERSANDRE.

Quoy, pour vostre pitié les prieres sont vaines?
Et plus ie la poursuis, plus elle se defend ?

MADONTHE.

Quoy, ne songez-vous pas que de si vieilles peines
Font perdre à vostre amour la qualité d'enfant?

TERSANDRE.

Mon ame en ce besoin se treuue dépourueuë,
Puis que tous les trauaux se treuuent superflus.

MADONTHE.

Si voftre mal vous vient de m'auoir que trop veuë,
Afin de vous guerir, ne me regardez plus.

TERSANDRE.

Ie ne laifferois pas de voir ce beau vifage,
Dont mon ame toûjours conferuera le trait.

MADONTHE.

S'il faut que de l'oubly vous recherchiez l'vfage,
Le feu de voftre cœur doit brûler ce portrait.

TERSANDRE.

Je fuiurois ce confeil, fi mon ardante flâme,
Au lieu de le brûler, ne le rendoit plus beau.

MADONTHE.

Si le feu ne le peut effacer de voftre ame,
Faites donc que vos pleurs l'effacent de leur eau.

TERSANDRE.

Ma peine ne fçauroit iamais eftre affoupie;
L'eau, non plus que le feu, n'y peut rien deformais.

MADONTHE.

Adieu Terſandre , adieu , gardez bien ma coppie ,
Car pour l'original , vous ne l'aurez iamais.

L'INQVIETVDE
AMOVREVSE.

STANCES.

QVAND sera-ce que ma langueur
Passera iusqu'en vostre cœur?
Et qu'il prendra part à ma flâme?
Si mon mal n'est pour vous vn mal contagieux,
Rien n'aura le pouuoir de consoler mon ame,
Que l'inuisible feu qu'elle prit en vos yeux.

Si vous n'entretenez mes sens,
Les objets les plus rauissans
Me semblent des objets funebres;
Mon corps à mon esprit n'est qu'vn viuant cercueil;
Je prens les feux du jour pour des ombres funebres,
Et crois que le Printemps soit habillé de dueil.

Mes amis viennent quelquesfois
D'un Lut & d'vne belle voix,
M'exprimer la delicatesse ;
Mais ce remede vtile à charmer les douleurs,
A r'appeller la joye, & bannir la tristesse,
Ne fais rien qu'exciter mes soûpirs & mes pleurs.

Amarillis seule à pouuoir
De dissiper mon desespoir,
Et calmer mon inquietude ;
Elle est de ma fortune, ou l'écueil, ou le port ;
Et selon ses bontez, ou son ingratitude,
l'obtiendray mon repos, ou d'elle, ou de la Mort.

A MADAME

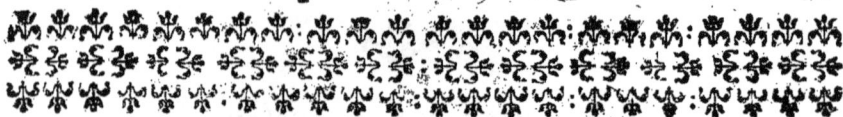

A MADAME

LA

PRINCESSE

MARIE.

Sur le digne choix qu'on a fait de fon Alteffe
pour eftre Reyne de Pologne.

*A*ME de grandeur non commune,
Sous qui le vice eft abatu,
On voit enfin que la Fortune
Cede à voftre rare vertu;
J'ay bien dit lors que fon enuie
Trauerfoit voftre belle vie,
Que cela ne dureroy pas;
Et qu'vne fi digne Perfonne
N'eftoit née auec tant d'appas,
Que pour porter vne Couronne.

G

DOVTE
AMOVREVX.
STANCES.

❦

ON esprit n'a plus de repos,
　Mon cœur se glace à tout propos,
　　Bien qu'vn feu secret le deuore;
Mais le sort dont ie suis charmé,
C'est que i'aime ce que i'adore,
Et crains de n'estre pas aimé.

❦

　Celle qui cause mes douleurs
Se rit peut-estre de mes pleurs,
De mes soins, & de mes alarmes;
Et au trouble de ma raison
Mon sentiment trouue en mes larmes
Vn si foible contrepoison.

❧

Cependant bleßé dans le sein,
Pres d'elle ie feint d'estre sain,
Dedans vne langueur si vraye,
N'osant d'vn mot luy témoigner
Le ressentiment d'vne playe
Qu'elle fait tous les jours saigner.

❧

Car ce vain Fantôme d'honneur,
Ennemy de nostre bon-heur,
A tant de credit en son ame,
Que si ie luy faisois sçauoir
Qu'elle est le sujet de ma flâme,
Elle ne voudroit plus me voir.

❧

Elle pense que la pitié
De ressentir vne amitié,
Est vn Monstre au temps où nous sommes,
Et que c'est fait plus sagement
De laisser perir tous les hommes,
Que d'en sauuer vn seulement,

Toutefois elle a trop d'esprit,
D'abord son entretient m'aprit
Que son sens n'estoit point vulguere ;
Et ie connù apparemment
Que son humeur ne tomboit guere
Aux erreurs d'vn Peuple ignorant.

Il faus donc enfin luy parler
D'vn mal que ie ne puis celer,
Sans accroistre sa violence,
Et luy declarer librement
La passion que mon silence
Luy dépeignoit si tristement.

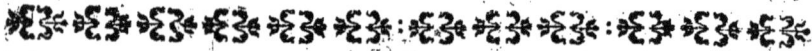

VERS D'VN BALET.

MADAME, &c.

Repreſentant la Charitable.

VOVS qui trouuez tant de delices
A faire vn charitable effort,
Venez rendre de bons offices
A qui cherche voſtre ſupport,
Trouuant moins de douceur à viure,
Qu'à vous imiter & vous ſuiure.

Madame.... repreſentant la Grace.

Image de la pieté,
Digne d'immortelle loüange,
Auec beaucoup de pureté
Je vous preſente ce bel Ange;
Du Monde il eſt victorieux,
Par la vertu qu'il fit paroiſtre,
Et qui ſans tromper les humains
Ne ſçauroit iamais que s'accroiſtre,
Et s'embellir entre vos mains.

A MONSIEVR
LE COMTE
GOVFFIER·

ELEGIE.

Comte, grand pour la race, & grãd pour le merite,
A d'extrémes efforts l'vn & l'autre m'inuite;
Ie sens mon zele acroistre à t'en voir reuestu;
I'aime le sang illustre, & l'illustre vertu;
Et l'honneur d'approcher d'vne si digne plante,
Auec mon encent, rend mon ardeur brûlante.
La souche dont tu viens, la tige dont tu sors,
Ne presente à mes yeux que des illustres morts:
Ces Gueyssiers Souuerains, qui tenant la campagne,
Oserent défier le sang de Charlemagne,
Et d'vne vertu haute affrontant le malheur,
Furent vûs éclatans de leur propre valeur;

D'autre part ce Gaucour d'immortelle loüange,
Qui gagna des Lauriers sur un Prince d'Orange;
Et rompant son Armée aupres du port d'Anton,
Fit trembler la Sauoye, & l'Estat Bourguignon;
Et suiuant la Victoire en ces routes entieres,
Contre nos Ennemis affermit nos frontieres.
Tu tient aussi ton sang de ces grands Potentats,
Qui gouuernoient jadis tant de fameux Estats;
De ces Ducs des Bretons, de ces foudres de Guerre,
Dont le Nom retentit aux deux bouts de la Terre:
Ie sçay bien que tu viens aussi des Chastillons,
Dont le Turc redouta les nombreux Pauillons,
Lors qu'auec S. Louis il conduisoit l'Armée
Qui sema de terreur les Terres d'Idumee;
Ie dis de ces Heros qu'on a vûs autrefois,
Et Regens de la France, & Tuteurs de nos Roys,
Admiraux de nos Mers, Mareschaux, Connestables,
Dont les Noms à iamais resteront venerables:
Mais ta noble Jeunesse a mille augustes traits,
Qui te font ressembler à leur fameux portraits;
Et déja ta valeur, ton esprit, & ta grace,
Témoignent hautement la grandeur de ta Race;
Et qu'auant qu'il soit peu, dans les occasions,
Tu sçauras égaler leurs grandes actions.

J'espere de chanter tes beaux actes de Guerre
D'vn ton si resonnant aux deux bouts de la Terre,
Que nos derniers Neveux sçauront à l'auenir,
Que i'eus l'heur de te plaire & de t'appartenir.
Ainsi du cours des ans, preseruant ta memoire,
I'auray mesme l'honneur d'auoir part à ta gloire,
D'éclater sous ton Nom, ainsi que Phidias
Sceut grauer son Image au Bouclier de Pallas.
Ayme-moy seulement, & d'vn soin legitime
Répons à mon ardeur, répons à mon estime;
Et par ton noble appuy, conserue ce flambeau
Qui pourra t'éclairer dans la nuit du tombeau,
En laissant quelque jour vn rayon dans l'Histoire
Qui marquera ton sang, ta valeur, & ta gloire.

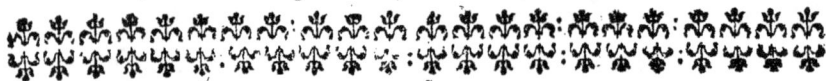

SVR LE MARIAGE DE MADAME
la Marquise de la Baume d'Autun, de la
Maison de Bonne, & Niepce de
Monseigneur le Mareschal
de Villeroy.

CHASTE Dieu des couches nopcieres,
Allume aujourd'huy ces lumieres
Dont tu sçais éclairer les heureuses amours ;
Hymen sois favorable à ces Amans fidelles,
Et fais que leurs flâmes nouvelles
Durent aussi long-temps que le feu de nos jours.

Ce sont deux charmantes personnes
Dignes de porter des Couronnes,
Sortant, comme elles sont, des plus fameux Guerriers ;
Et pour les honnorer, selon l'ordre des choses,
L'Amour leur en-a fait de Roses,
Attendant que la Gloire en fasse de Lauriers.

H

L'Amante est la Niepce adorable
De ce Phœnix incomparable
Dont nostre jeune Achille observe les leçons ;
Et ses Peres nourris au mestier de la Guerre,
Ont fait voir à toute la Terre
Que Mars n'éleue point de plus grands Nouriçons,

L'Amant sort aussi d'vne tige
Où l'on a veu plus d'vn prodige
De valeur, de sagesse, & de fidelité ;
Et déja ses vertus monstrent que quelque gloire
Que les siens prennent dans l'Histoire,
Il a droict d'esperer ce qu'ils ont merité.

La France, auec impatience,
Attend cette heureuse alliance
De ces deux rejettons qui n'ont point de pareils ;
Il ne pourra sortir d'vne si belle race,
Pour la valeur & pour la grace,
Que des foudres de Guerre, & de nouueaux Soleils.

LE REBVT DV MONDE.

SONNET.

C'EN est fait, le malheur surmôte ma constance,
Le desir des grandeurs me flatte sans raison;
L'eclat de mes ayeux, l'honneur de ma maison,
Mes amis, mes parens, tout cede à sa puissance.

La Iustice pour moy ne tient plus de balance,
Ie languis sans espoir d'aucune guerison;
Et pour estre forcé de rompre ma prison,
Le cent Astres malins ie ressens l'influance.

Où dois-je recourir pour vn dernier effort?
L'orage est-il si grand, qu'il me cache le port?
Ah Vierge, Astre des Mers, c'est vous que ie reclame.

S'il faut paur arrester le cours de mes malheurs
Esteindre dans mon sang les crimes de mon ame,
Ne me laissez noyer que dans l'eau de mes pleurs.

SVR LA MALADIE
DE M. D. M.

EPIGRAMME.

QVE ie meure, & qu'elle guerisse,
    Destins répondez à mes vœux;
Souffrez plûtost que ie perisse,
    Que le moindre de ses cheueux;
Et s'il faut à l'ardeur de cette maladie
Opposer les chaleurs de quelqu'autre incendie,
Faites en ma faueur que cet objet aymé
Ne brûle que du feu dont il m'a consumé,

ORAISON
A LA SAINCTE VIERGE,
Reclamée dans l'Eglise de Bannelle
en Auuergne.

INIMITABLE objet de respect & d'amour,
Arbre, digne support de l'esperance humaine,
Trône auguste & sacré d'vne immortelle Reyne,
A qui les Seraphins font sans cesse la cour,
Que mes sens sont émeus à l'objet de tes charmes !
Que ie reçois de biens en répandant des larmes !
O Vierge & Mere ensemble, & de qui le pouuoir
Fait reuerer ton Nom d'icy iusqu'en la nuë,
Veille accorder de grace, à qui ne t'a pû voir,
Les faueurs que tu rends à tous ceux qui t'ont veuë.

A MONSEIGNEVR
LE COMTE
DE SOISSONS,
PRINCE DV SANG, PAIR
& Grand Maiftre de France, en luy
dédiant la Tragedie de Phaëton.

PRINCE *pour la valeur comparable aux Cefars,*
Aftre plein de clartez, & de graces infufes,
Qui protegeant par tout la Valeur & les Arts,
Auez charmé Bellonne, & captiué les Mufes;
LOVIS, dont le merite eft fans comparaifon,
L'Hiftoire de nos jours attend auec raifon
De vos nobles exploits fa plus belle matiere;
Et quiconque apperçoit vos rares qualitez,
Jure que Phaëton, gouuernant la lumiere,
Apperceut moins d'Eftats que vous n'en meritez.

A L'AVTHEVR.

SVR SES PARAPHRASES
de l'Aue Maria.

EPIGRAMME.

ILLVSTRE *successeur de tes nobles Parens,*
Qui pour le bien du Ciel conquirent tant de Terre,
Et qui pour deliurer les Chrestiens des Tyrans
Entreprirent premier vne si sainte Guerre ;
Celuy de tes ayeux qui suiuit Godefroy
Pour la gloire de Dieu, ne fit pas mieux que toy ;
Six cens mille Guerriers, touchez de sa Harangue,
Forcerent cens perils pour gagner les saincts lieux ;
Mais ta plume aujourd'huy faisant plus que sa langue,
Conduit tous les Chrestiens dans la route des Cieux.

REPONSE A LA LETTRE
DE M. B.

QVE de puiſſans efforts par de ſi foibles armes,
    Si par mes ſoûpirs & mes larmes
Ce beau cœur ſe reduit ſous les traits de pitié !
Et s'il conçoit pour moy quelque peu d'amitié !
Mais ô diuin objet dont mon ame eſt bleſſée,
Vn reſte de ſoupçon demeure en ma penſée,
    Si pour me l'oſter de l'eſprit
Je ne lis dans tes yeux ce que ta main m'écrit.

A MADAME
DE CHAVIGNY.

Sur ses Armes.

SIXAIN.

Noble & chaste Beauté, vos Armes sont parlantes,
Et découurent à tous les graces excellentes,
Qui tiennent sous vos pieds les vices abatus ;
L'Hermine vous dépeint pure sur toutes choses,
L'éclat de vos appas brille parmy ces Roses,
Et leur nombre fait voir celuy de vos vertus.

SONNET.

LAISSONS tous ces propos, & venons à l'effet,
La Nature t'appelle où l'Amour te conuie ;
Et la Raison t'apprend que si ie t'ay seruie,
Ce n'est que sous l'espoir de tirer ce bien-fait.

Le charme de l'honneur est vn charme imparfait,
Qui doit lier ta langue, & non pas ton enuie ;
Car le Ciel qui nous donne & le jour & la vie,
Nous a permis d'vser de tout ce qu'il a fait.

Laisse-moy donc cueillir cent baisers tous de flâme,
Loge moy dans ta couche, aussi bien qu'en ton ame,
Cloris presse hardiment ton sein contre le mien.

Et crois (sans t'arrester aux sentimens vulgueres)
Qu'aujourd'huy la vertu d'vne femme de bien,
Est de faire beaucoup, & de ne parler gueres.

I

LE
SALVT DV PROCHAIN.
A PHILIS.
SONNET.

Q Ve te fert de garde ce peu de chafteté,
  Que chez toy la foiblesse, ou la coûtume assemble,
Si l'on ne s'en tient plus à ta seuerité,
Et si l'on dit par tout que nous couchons ensemble.

Tes yeux ont beau garder cette inhumanité,
De qui le seul aspect fait que mon amour tremble ;
Châque homme a du soupçon de ta fidelité,
Et châque femme croit que Philis luy ressemble.

Si tu m'en crois pourtant, satisfait mon defir ;
Ou si tu ne le fais pour me faire plaisir,
Fais-le pour le salut de celuy qui le songe.

Et puis (ô ma Philis) que sous nostre couleur
Tout le monde se damne, en disant vn mensonge,
En le faisant ensemble, empefchons ce malheur.

L'AMOVR HONNESTE.
SONNET.

IE sers depuis trois mois vne Diuinité,
Pour qui mon sentiment souffre vn martyre étrãge ;
Mais parmy tant de maux, son peu d'humanité
Ne force point mon cœur à me parler du change.

Au contraire aujourd'huy i'aime sa cruauté,
Ie me plais en l'estat où sa rigueur me range ;
I'adore sans desir, & ie fais vanité
De seruir ma Philis, comme l'on sert vn Ange.

Ainsi quoy qu'en tous lieux ie la voye nuit & iour,
Sa pureté conserue, & maintient vn amour
Qui ne reluit iamais en des ames brutalles.

Puis que son feu ressemble à ce feu des Romains,
Qui veillant sans relâche au Temple des Vestalles,
N'estoit entretenu que par des chastes mains.

SVR VN SONGE.
SONNET.

AV poinct que tous nos maux sõt presque enseuelis,
Et que la Nuict suspẽd nos sens de leurs Offices,
Les songes que l'Amour a rendus ses complices,
En me fermant les yeux, me firent voir Philis.

Son visage estoit plein de Roses & de Lys,
Ses yeux portoient le feu qui nourrit mes suplices;
Et sa voix m'annonçoit qu'apres tant d'injustices,
Les decrets de l'honneur alloient estre abolis.

Déja ce beau fantôme, apres beaucoup de feintes,
Permettoient à mes bras les dernieres étraintes,
Quand vn soudain resveil m'en vient rauir le fruit,

O Cieux! (ce dis-je alors) que cecy m'est sensible!
Mais que ie vois aussi qu'il estoit impossible
Qu'vn Soleil fut long-temps au milieu de la Nuit.

SVR VN QVI ROVGIT EN
voyant sa Maistresse.

EPIGRAMME.

PVIS qu'il est certain (ô perfide)
　　Que le corps qu'vn sanglant effort
A soûmis aux loix de la mort,
Seigne auprès de son homicide ;
Philis, chacun va découurir
Que c'est toy qui me fais mourir
Dans les plus beaux jours de mon âge ;
Car (ô bel objet de ma foy)
Le sang paroist sur mon visage
Dés que tu parois deuant moy.

SONNET.

BLESSE' d'vn coup mortel qui me perce le cœur,
Ie satisfaits, Aminthe, à la cruelle enuie,
Qui de ce qui te reste aujourd'huy de rigueur
Triomphe insolemment des restes de ma vie.

Helas! ie n'en peux plus, & mon peu de vigueur
Va rendre en vn moment ta colere assouuie;
Acheue donc, barbare, acheue ma langueur,
Et laisse aller mon ame où le sort la conuie.

Mais considere aussi que le Ciel quelque iour
Peut-estre tirera des feux de mon amour,
Ces flâmes dont l'Enfer punit châque infidelle.

Et c'est lors que touché de tant de déplaisirs,
Il te fera connoistre, en prenant ma querelle,
Qu'il n'appartient qu'à luy de faire des martyrs.

SONNET.

DEPVIS que le Soleil a quitté la maison
Où le Ciel le reçoit quand le Printemps s'éueille,
J'adore nuit & jour vne jeune merueille
Dont l'empire absolu gouuerne ma raison.

Mais comme son visage est sans comparaison,
De mesme sa rigueur n'eust iamais de pareille ;
Et ma foy, ny mes vœux, ne touchent point l'oreille
De celle qui se plaist à me voir en prison.

Là i'ay beau luy monstrer mes trauaux & mes peines,
Et i'ay beau l'inuoquer au plus fort de mes gehennes,
Ie ne fais qu'irriter son inhumanité.

Et ie me vois sans aide, ainsi que sans exemple,
Depuis que ie connois que ma Diuinité
Veut auoir des Martyrs aussi bien que des Temples.

SVR LE PORTRAIT DE MADAME
la M. de B.

SONNET.

L'IMAGE de Philis est si belle à ma veuë,
Que ie tombe en l'erreur de cet Esprit brutal,
Qui se sentit épris d'vne froide statuë,
Puis que pour vn portrait i'endure autant de mal.

Mais Dieux! que le succez rend mon sort inégal!
Philis a des attraits dont le penser me tuë,
Le Ciel n'en fit iamais de beauté si pourueuë,
Et nul ne la peut voir qui ne soit mon riual.

Ce fantasque Amoureux communiqua sa flâme
A ce marbre insensible, en luy donnant vne ame;
Mais dans ma passion i'agis bien autrement.

Puis qu'au lieu d'animer ces yeux & cette bouche,
Leur diuine beauté me charme tellement,
Que ie deuiens moy-mesme vne insensible souche.

K

SVR LA MORT DE TRES-HAVT
& Puiſſant Prince Charles de Gonzagues,
Duc de Mantouë & de Neuers,
Souuerain d'Arche, &c.

SONNET.

TV t'abuſe deſtin dans cette extremité,
 Charles ne cede point aux traits de ta malice ;
Au contraire, en tombant dedans le precipice,
Il s'éleue au ſejour de la felicité,

 En dépit d'vn ſentier remply d'obſcurité,
Il va ſans trébucher iuſqu'au bout de ſa lice ;
Et ce grand cœur qui fut touſiours en exercice,
Braue enfin les dangers où tes ſoins l'ont porté.

 Les ſiecles n'oſeront offencer ſa memoire ;
Le Ciel qui le rendit l'objet de noſtre gloire,
Le rendra deſormais celuy de tous nos vœux.

 Et malgré toy ſa cendre, apres tant de tempeſtes,
Augmentera là haut le nombre de ces feux,
Qui depuis ſi long-temps éclairent ſur nos teſtes.

A SON ALTESSE SERENISSIME
Madame Marie de Gonzagues, Princesse de Mantouë,
aujourd'huy Reyne de Pologne, sur la mort de Monseigneur le Duc de Mantouë son Pere, & de Madame l'Ab-
besse d'Auenay sa Sœur.

SONNET.

CESSÉ de soûpirer, Princesse, dont les charmes
 Se font voir sans exemple & sans comparaison;
Et ne murmure plus contre cette saison
Qui de tes chers parens a finy les alarmes,

Contemple d'vn œil sec les matieres de larmes
Qui depuis quatre mois affligent ta Maison,
Laisse auec la Nature éclater la Raison,
Et parmy tant d'assauts reprens enfin les armes.

Regarde sans soucy le Trône où sans ennuy
Et ton Pere & ta Sœur sont assis aujourd'huy,
Voy comme l'Vniuers leur offre des loüanges.

Et regrette leur perte auec moins de douleurs,
Puis que le Ciel t'apprend que les Saincts & les Anges
Veulent plûtost de nous de l'encent, que des pleurs.

SVR LE PORTRAIT DE MON-
fieur de Caumartin, peint en Amour
l'an 1632,

SONNET.

POrtrait miraculeux, chef-d'œuure de Nature,
Diroit-on pas qu' Amour eft peint en ce tableau ?
Toutefois bien qu'il ait emprunté fa parure,
Il femble que Tirfis foit encore plus beau.

Si l'Amour nous échauffe auec fon flambeau,
Tirfis de fes regards fait la mefme brûlure ;
Et de vray ce n'eft qu'vn fous la mefme figure,
Car l'Amour eft ainfi quand il eft fans bandeau.

Ie me trompe pourtant en cette reffemblance,
Tirfis doit en vn poinct auoir la preference,
Et l'Amour auroit tort, s'il l'auoit debatu.

Puis que ce bel Enfant de la Reyne d'Erice
Paroift auoir tiré fa naiffance du vice,
Et que noftre Tirfis eft Fils de la vertu;

SVR LE RETOVR DE MONSEIgneur le Mareschal de Schonberg pres de sa Majesté, à Narbonne.

EPIGRAMME.

SVR vn front glorieux porter toutes les traces
Des plus nobles vertus & des plus belles graces,
Rendre Mars & l'Amour incessamment jaloux,
Cueillir mille Lauriers dans vn champ infertille,
Rompre cent Escadrons en sauuant vne Ville,
Atterrer l'ennemy sous l'effort de ces coups,
Retourner glorieux, regir vne Prouince,
Adoré du Pays, & chery de son Prince,
N'est, ô grand Mareschal, qu'vn coup digne de vous.

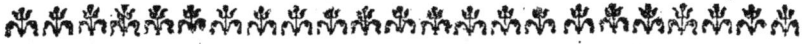

SVR LA LEVEE DV SIEGE DE
Laucate, à Monſeigneur le Mareſchal
de Schombert.

SONNET.

ENFIN *Laucate eſt libre, & par les changemens*
Dignes de la valeur de ce foudre de Guerre,
On voit des ennemis vn rempart d'oſſemens,
Où n'aguere on voyoit des montagnes de terre.

L'Eſpagnol ſans penſer creuſant des monumens,
Sous ſes propres trauaux la Parque le reſerre;
La nuit ne fait qu'aider à ſes déreglemens,
Et cherchant des Lauriers, il trouue le tonnerre.

Jnuincible Schombert, vne Fille autrefois
D'vn ſemblable danger déliurant les François,
S'éleua par vn Siege à la gloire immortelle.

Mais aujourd'huy le Ciel fait vn plus grand effort,
Puis qu'on voit en vous ſeul reuiure apres leur mort,
Dunois, Pothon, Loheac, Lahire, & la Puſelle.

A MONSEIGNEVR LE CARDINAL
Duc de Richelieu, sur ses Armes.

SONNET.

GRand Duc, dõt la splendeur fait mon aueuglemẽt,
Souffrez, si le respect tient ma bouche fermée,
Qu'au moins i'éleue vn Temple à vostre renommée,
Et que ce noble effort marque mon sentiment.

C'est là qu'en vn metal plus dur que diamant,
La Rochelle à vos pieds paroistra desarmée,
L'Anglois humilié, ses desseins en fumée,
Et la Rebellion dedans le monument.

Là pour faire briller tant de diuins ouurages,
On y verra les Lys à l'abry des orages,
Et les Lauriers verdir dessus nos Esquadrons.

Milan s'y monstrera dessus vn precipice,
Et par vn art subtil, on verra trois cheurons
Soûtenir tout le faix de ce grand Edifice.

AV MESME.

SOVRCE de tant d'éclat, lumiere sans seconde,
Qui de l'Aygle Romain as ébloüy les yeux,
Ei de qui la valeur paroient en tous les yeux,
Où paroient du Soleil la clarté vagabonde.

Grand Duc, de qui les mains sur la terre & sur l'onde
Découurent à Louis le rang de ses ayeux,
En luy montrant l'endroit où le decret des Cieux,
Reserue pour luy seul le gouuernail du Monde.

Armand, faits que le sort qui depuis tant d'hyuers
Veut que ta vertu donne vn Maistre à l'Vniuers,
Acheue ce projet dans ce Siecle où nous sommes.

Et que malgré l'effort de tant de Potentats,
Ton Prince puisse tant sur le reste des hommes,
Qu'il n'en puisse banir aucun de ses Estats.

SVR LA MORT DV MESME
Seigneur Cardinal, & l'allusion de ses
Armes auec celles de son Successeur
au Ministere de l'Estat.

ARmand s'en est allé, France plains ta disgrace,
Mais ne crains pas l'Espagne en perdãt ce suport,
Le sage Mazarin qui va tenir sa place
Te garantira bien des injures du sort ;
Si ce grand Cardinal a fermé la paupiere ;
Un autre Cardinal ouure pour toy les yeux ;
Comme l'vn par ses soins t'éleua iusqu'aux Cieux,
Par l'autre tu reuiens en ta beauté premiere ;
Vn Soleil éclipsé laisse vn autre Soleil,
Qui fera succeder, pour regir ton Conseil,
A trois Chevrons de feu, trois Astres de lumiere.

PRONOSTIC ARMORIAL,

du bon Genie de la France, à la France,
en faueur des principaux Ministres
de l'Estat.

QVOY que le Soleil passe en diuerses maisons,
Que l'An se renouuelle & change de saisons,
Ne change pas pourtant, ô bien-heureuse France,
Que tousiours le Mouton gouuerne ta balance ;
Vois tousiours reuerdir tes immortelles fleurs,
Sans craindre du Lyon les ardantes chaleurs ;
Le Ciel rendra tousiours tes victoires aisées,
Tandis que sur vn Mur s'appuyront trois Cheurons,
Que les Lys sans filler aymeront les fuzées,
Et qu'vn Croissant pourra regir tes Escadrons.

A MONSEIGNEVR L'EMINENTIS-
sime Cardinal Mazarin.

SONNET.

FLEVR née en Italie, & transplantée en France,
Dont la Pourpre sacrée augmente la splendeur,
Toy qui répands par tout vne agreable odeur,
Et maintiens dans nos cœurs la joye & l'esperance.

Mazarin dont l'esprit égal à la prudence,
Mesle dans tes conseils la lumiere & l'ardeur,
Et fait que cet Estat braue auec asseurance
De l'Aygle & du Lyon, la superbe grandeur.

Quel bon-heur doit sortir de tes diuins Oracles ?
Armand pour nostre gloire a produit des miracles,
Et rendus nos Guerriers plus fameux que iamais.

Mais pour nostre repos, ta diligence actiue,
Au milieu des combats fera naistre la Paix,
Et sur nos Lauriers verds fera meurir l'Oliue.

EPITAPHE DE MONSEIGNEVR
le Duc de Ioinville, mort à Florence.

SONNET.

PASSANS qui de la gloire auez l'ame charmée,
Arreſtés deſſus l'Arne & vos pas & vos yeux,
Et contemplez le ſort d'vn Prince dont les Cieux
Cheriſſent la dépoüille en ce marbre enfermée.

Son ſang & ſon courage obligeoit l'Idumée
A croire qu'en ſuiuant les pas de ſes ayeux,
On le verroit bien-toſt éclairer en ces lieux.
Où l'on voyoit déja bruire ſa renommée,

Déja ce beau deſir flattoit ſa paſſion,
Quand le deſtin jaloux du bon-heur de Sion
Remit ce beau treſor en ſa mace premiere;

Et termina le cours de ce Soleil naiſſant,
De peur que l'Heleſpont receuant ſa lumiere,
Ne perdit pour iamais celle de ſon croiſſant.

LA BELLE RECLVSE.

SONNET.

QVE de feux éclatans à trauers la fumée!
Philis qu'on est heureux de viure sous vos Loix!
Certes quelque grand bruit qu'ait fait la renommée,
Elle manque pour vous d'vne assez digne voix.

Doux & perçàs regards dont mon ame est charmée,
Le bon-heur des humains dépend de vostre choix;
Et sans vous couronner des palmes d'Idumée,
Vous pouuez asseruir les plus superbes Roys.

Mais pourquoy mon Soleil vous couurir de tenebres?
Quel plaisir prenez-vous dedans ces lieux funebres?
Et pourquoy toute viue errer dans vn cercueil?

Ah! si vous regrettez les Amants dont la vie
Est tous les iours par vous innocemment rauie,
Vous ne verrez iamais terminer vostre dueil.

SVR LE PORTRAIT DE
l'Autheur, repreſenté dans le Liure
qu'il a compoſé des cent Capitaines
François.

AV rang de ces fameux dont tu décris l'Hiſtoire,
On eut pû voir ta vie auec la meſme gloire
Dont tes braues ayeux ont eſté reueſtus ;
Comme leur noble ſang éclate en ton viſage,
Si le ſort n'euſt point mis d'obſtacle à tes vertus,
Tes faits de leur valeur auroient eſté l'image.

VERS
BVRLESQVES.

CAPRICE
BVRLESQVE.

EPRIS d'vne cruelle & d'vne douce atteinte,
Embrasé d'vn desir, & glacé d'vne crainte,
Ie sens qu'à mesme temps i'ay du mal & du bien ;
On m'annonce la paix, on me liure la guerre,
Ie volle dans le Ciel, ie rampe sur la terre,
I embrasse tout le monde, & ie n'embrasse rien.

Ie suis les douces loix d'vne Metampcicose,
Où ma mort est cachée, où ma vie est enclose,
Où i'erre auec franchise, où ie suis dans les fers ;
C'est vn vaste Oceant, c'est vn étroit d'Edalle,
Vne basse hauteur, ronde, épirammidalle,
Patron d'vn Paradis, & portrait des Enfers.

M

O vous qui soûpirez pour ces Hydres cornuës,
Ces étoilles de feu qui descendent des nuës,
Et qui font dans les cœurs tant d'obliques détours,
Diriez-vous qu'vne idée est vne enteleschie?
Que le poinct Consantrique est vne Monarchie?
Et que le Busentaure estoit vn meneur d'Ours?

L'exactique vapeur de l'Afrique brulée
Auroit fort obscurcy la campagne sallée,
Si les vents du Midy souffloient dans le Zenit;
Les Ieuneflections du Roy d'Ethiopie
Pourroient épouuanter l'vne & l'autre arpie,
Si les Monopoleurs prenoient la Pie au nit.

L'Auuergne de ces monts où la neige épanduë,
Par le dernier Soleil fut aussi-tost fonduë,
Fut vn vert agreable, vn éclair à nos yeux,
Lors que les doux Zephirs courant toute la plaine
Firent là bas éclore auec leur douce halaine,
Deux nobles Mattagons, l'vn jeune, & l'autre vieux.

Ce fut lors que sur Cherbe, aupres d'vne fontaine,
Je trouuay ma Philis, de qui l'ame incertaine
Voyoit de ces desirs le flux & le reflux ;
O rencontre fatal ! ô pitoyable histoire !
Encore que cet image occupe ma memoire
A l'heure que i'y pense, ie ne m'en souuiens plus.

C'est là que l'on voyoit les beautez de l'Aurore,
Parmy les agrémens & les appas de Flore,
Faire vn petit concert doux & melodieux ;
Charmes en sourcelans qui surprintes mon ame,
Petits Monstres Marins, petit Demon de flâmĕ,
Ie vous r'appelle encore, & vous faits mes adieux.

Souuenez-vous tousiours de cette quinte-essence,
Qui mesle la douleur auec la joüyssance,
Et fait de nos erreurs vn mélange douteux,
La viue impreßion du credit où vous estes
Allume dans mon cœur mille flâmes secretes,
I'en suis tout en colere, & i'en suis tout honteux.

Dénoüez ce filet, démeſlez cet intrigue,
Où nos confuſions ſemblent faire vne brigue
Contre les cruautez d'vn An climateriq,
Sa mine à la façon d'vne villaine gaupe
Qui n'a iamais parlé de maſſe ny de taupe,
Et qui n'a point connu ny le croq ny le criq.

On ſçait qu'elle s'applique à nous prendre pour dupes,
Qu'elle a de l'oriplau ſur le bas de ſes juppes,
A deſſein d'ébloüyr les yeux des clair-voyans;
Mais lors que les oyſeaux ſeront à la remiſe,
Attachez luy le buſc, leuez luy la chemiſe,
Vous ne trouuerez plus que des chiens aboyans.

C'eſt Cille, c'eſt Caribde, ou l'vne de ces Fées,
Qui de tendre coral & de mouſſe coiffées,
Découure hors de l'onde vn épais Aloyau,
Et la trongne d'vn fol, & le nez d'vn Satyre,
Qui s'emporte tout net auſſi-toſt qu'on le tire,
Eſt vrayment vn Damas qui quitte le noyau.

❧❧❧

Patroüilles du Pont-neuf, innombrables guenipes,
Qui chantez des lampons, ou qui vendez des nipes,
Faisant toufiours la cour au cheual du Pont-neuf,
Auez-vous des secrets écrits en apostilles,
Qui logent des Chameaux dans des grains de lentilles,
Et couurent des Clochers de la coque d'vn œuf ?

❧❧❧

Quand i'ay bien obferué les superbes machines
Qui font toufiours gemir vos bras & vos échines,
Ie suis comme en extafe, auec vn pied de nez ;
Ie suis plus entrepris qu'vn Singe qui marmotte,
Ie passe le ruisseau, ie me couure de crotte,
Ainsi que les Oyfons qui font hallebrenez.

❧❧❧

Qu'on se souuienne bien de cette Prophetie
Qu'en la premiere Eclypse on doit voir éclaircie ;
Sous vn signe endrogine, admirable & puissant,
On en peut voir des traits dans le sejour des Parques ;
On en trouue des traits, on en trouue des marques
Deffus des vieux tombeaux dessous S. Innocent.

LA VIEILLE
LAIDE.

STANCES.

VIEILLE Carcaſſe décharnée,
    Qui n'as rien d'humain que la voix,
  Orante, qui perdis tes mois
Vn peu deuant que l'âge en donnât à l'année,
    Vieux Charnier, dont les oſſemens
    N'ont plus rien de ces Elemens
Que la Nature meſle en faiſant quelque choſe,
Reſous-toy d'augmenter ceux de S. Innocent,
    Afin que l'on iuge en paſſant
    Que c'eſt la Mort qui s'y repoſe.

Tu penses dire des nouuelles ;
Quand tu contes que Godefroy
Porta l'image de l'effroy
Jusques dedans le sein des Peuples infidelles ;
Ce que garde ton souuenir
Surpasse ce que l'auenir
Nous pourra faire voir au cours de son Histoire ;
Ton corps a plus vescu que le Ciel ne viura ;
Et lors que Noé s'enyura,
C'est ta main qui versoit à boire.

Le quart d'vne once de fumée,
Neuf vesses & quatorze pets,
L'ancre d'vn article de paix,
Et la baue que iette vne puce enrumée,
Tout le poil qui couure ma main,
Vn ciron qui se meurt de fain,
Et la poudre que leue vn Bidet qui va l'amble,
L'ongle d'vn Ortolan, & les dents d'vn Anchois,
Surpasseront tousiours le poids
De tous tes membres mis ensemble.

Les égouts du Faux-bourg Montmartre,
Le pet d'vn Taneur conſtipé,
Les rots d'vn qui boit du râpé,
Et les veſſes que lâche vn laquais qu'on va battre,
Le fond des chauſſes d'vn Sergent,
Et les pieds d'vn Clerc ſans argent,
Vn Cureur de retraits, vn Vieillard qui ſe mouche,
Quatre qui rendent gorge, vn Suiſſe qui dort,
Et l'apoſtume d'vn corps mort,
Sentent beaucoup mieux que ta bouche.

Vne Vieille qu'on a forcée,
Vne Irlandoiſe ſans rabat,
Vn Sucube dans le Sabat,
Et celuy qui ſe force à la chaiſe percée,
Six verollez aupres d'vn feu,
Neuf fievreux qui rendent vn vœu,
Quatorze Chathuants que l'on veut mettre en cage,
Vn vieux jambon moiſy que l'on dépend du croc,
Et le cul dü Roy de Maroc,
Ont plus d'atraits que ton viſage.

VERS D'VN BALET
DANSE' A SAINCTE IALLE.

Le Baron de Saincte Ialle, & le Cheualier
de Lhermite, representans deux
Voyageurs.

PRESSEZ d'vn desir nompareil,
 Nous suiuons l'Amour qui nous meine ;
Ny le chemin, ny le Soleil,
Ne nous font iamais perdre haleine ;
Et bien loin de manquer de force & de vigueur,
Nos bourdons sont tousiours remplis d'vne liqueur
 Qui redonne souuent la vie
 A ceux qui sont prés du trépas ;
Beautez qui nous charmez, s'il vous en prend enuie,
Nous faisons vanité de ne refuser pas.

Les Sieurs Porte & Bernard, representans
les vilains changez en grenoüille.

 Encore que le sort étrange
De la noirceur de nostre sang,

N

Nous reduise à tenir ce rang,
Et viure tousiours dans la fange;
Toutesfois ces belles Cloris,
Ces Courtisanes de Paris,
Ne viuent plus qu'à nostre exemple;
Comme nous bien souuent elles cherchent le frais;
Et si nous aimons les Marais,
Tout leur plus grand plaisir est au Marais du Temple.

Mademoiselle de Saincte Ialle, representant la Fille de Latone.

Digne du sang des plus grands Dieux
Dont ie tiens l'auguste naissance,
Les Monstres les plus furieux
Changent de forme à ma presence;
Ie dompte les sales plaisirs,
Je terrasse l'orgueil, & fais taire l'enuie;
Et le modele de ma vie
N'instruit qu'à d'innocents desirs;
Mais bien que toute mon étude
S'applique à rendre des biens-faits,
Ie ne puis vaincre pour iamais
Le monstre de l'ingratitude,

Mademoiselle D. R. representant Proserpine.

Ma Mere est bien digne de blâme
De se fâcher de mon plaisir;
Ie ne puis former de desir
Dont l'effet ne touche mon ame;
Ie ne crains point cette froideur
Dont le temps bien souuent trouble le mariage;
Et si peu de beauté qui reste en mon visage,
Mon Amant enflâmé n'aura que trop d'ardeur.

Monsieur de S. representant vn Batelier.

Ie serois vn expert Nocher
Si fendant les vagues de l'onde,
I'auois pû gauchir vn Rocher
Qui sert d'écueil à tout le monde;
En vain, belle Philis, ie me defends de l'eau,
En vain ie reuere vos charmes,
Puis que ie trouue mon tombeau
Dans vos mépris & dans mes larmes.

BVRLESQVE AV SIEVR PETIT,
Graueur en Tailles douces.

PETIT à contre verité,
  Vostre esprit & vostre corsage
Ne sont pas bons à mettre en cage,
Et leur Sphere d'actiuité
  A bien pris vne autre étenduë;
Qui voudroit vous prendre pour Gruë
Deuroit estre plus haut monté
Que ne fut Renaut l'enchanté,
Ou bien le Heros qu' Andromede
Rencontra si prompt à son aide.
Petit, vous estiez à deux ans
Petit aux malices des temps,
Mais aujourd'huy Grand pour la gloire,
Grand pour les Filles de Memoire;
Vous de qui le docte Burin
Dément hautement son Parin,
Si iamais les traits de ma plume
Peuuent mordre dessus l'enclume
Qui forge l'immortalité,
Je veux que l'Hyuer & l'Esté
Vostre grand los ne trouue terme
Ny sur mer, ny sur terre ferme,
Et qu'au Ciel, & dans l'Acheron,
L'on parle de vostre renom.

FIN.

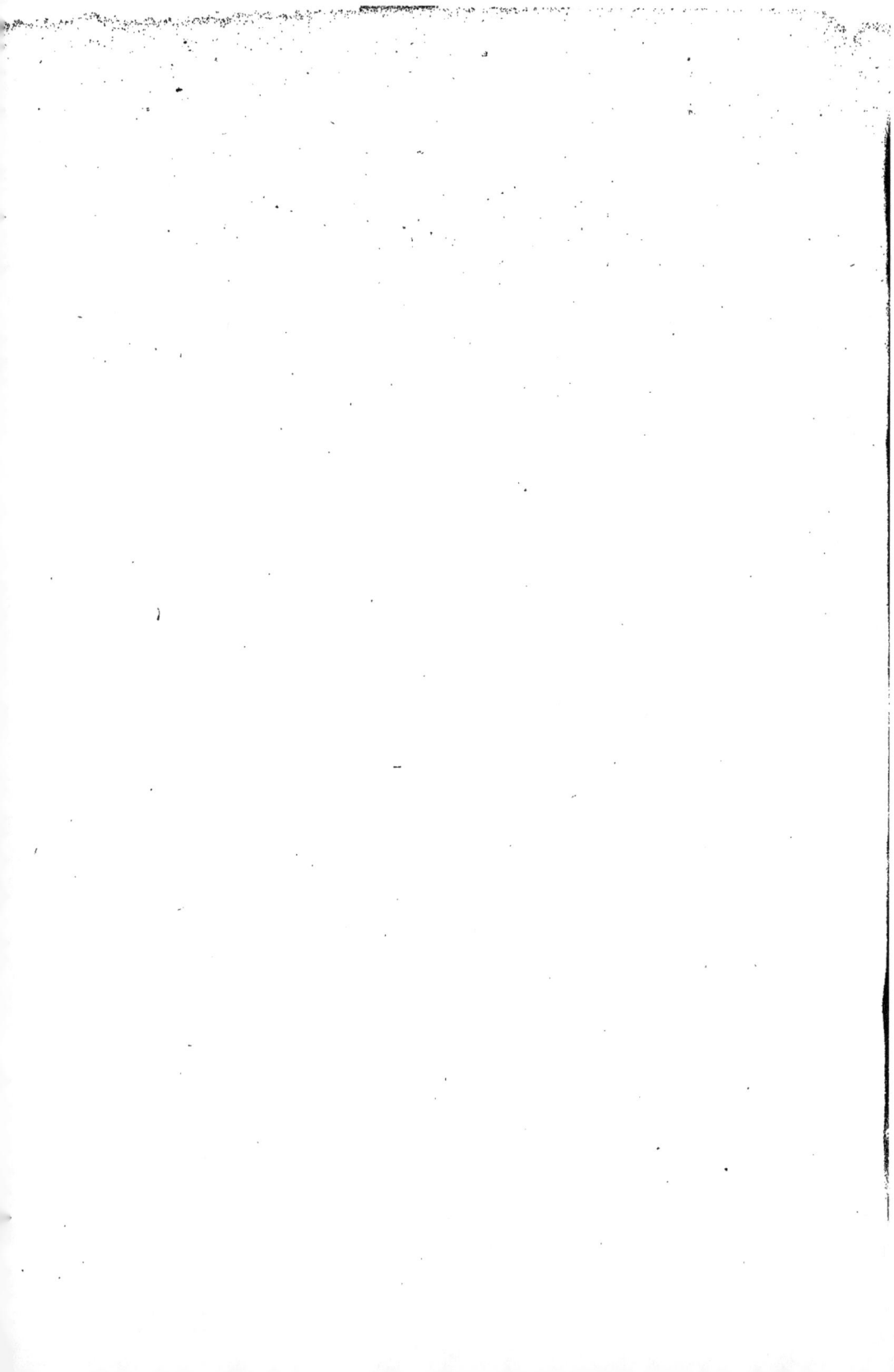

www.ingramcontent.com/pod-product-compliance
Lightning Source LLC
Chambersburg PA
CBHW060630100426
42744CB00008B/1570